pequeños
&
GRANDES
cuaderno de adhesivos

Máquinas bestiales

Combel
EDITORIAL

Edición original de Miles Kelly Publishing
Título original: *Monster Machines*
© Miles Kelly Publishing
© de esta edición, Combel Editorial
Casp, 79 – 08013 Barcelona
www.combeleditorial.com
Adaptación: Núria Riambau
Primera edición: febrero de 2010
ISBN: 978-84-9825-523-2
Impreso en China

Cualquier forma de reproducción, distribución, comunicación pública o transformación
de esta obra solo puede ser realizada con la autorización de sus titulares,
salvo excepción prevista por la ley. Diríjase a CEDRO (Centro Español de Derechos Reprográficos, www.cedro.org)
si necesita fotocopiar, escanear o hacer copias digitales de algún fragmento de esta obra.

Introducción

Las máquinas se utilizan en todo el mundo para muchos propósitos distintos. Con gran potencia y velocidad, nos ayudan a acabar los trabajos más deprisa, a explorar la Tierra y el espacio, y a viajar por tierra, mar y aire.

Los aviones de grandes dimensiones pueden transportar por aire a gran velocidad a personas y mercancías a distintos países. Los barcos pueden transportar grandes cargas por mar. Las máquinas grandes ayudan a los agricultores a sembrar los campos y a desplazar por ellos a los animales. Los cohetes gigantes y los telescopios nos ayudan a explorar el espacio.

Con este magnífico cuaderno de adhesivos, aprenderás muchas cosas sobre las máquinas bestiales e impresionarás a tus amigos con datos fascinantes.

Miniadhesivos

 ¿Qué máquinas utilizan los agricultores? ¿Cómo exploramos el espacio? Utiliza tus miniadhesivos para aprenderlo todo sobre las máquinas bestiales.

Máquinas de trabajo: máquinas que se utilizan para ayudar a las personas a hacer su trabajo.

En la carretera: muchos vehículos se desplazan por las carreteras u otras vías, como por ejemplo los circuitos de carreras.

En el espacio: los cohetes y las lanzaderas espaciales se lanzan al espacio para explorar el Universo.

En el agua: los barcos transportan grandes cargas y personas, y también pueden ser máquinas de guerra.

En el aire: los aviones gigantes atraviesan el aire, muy a menudo para llevar a personas de vacaciones.

Máquinas de trabajo

▼ Excavadora

▲ Cosechadora de cereales

◄ Bulldozer

▲ Tractor

▲ Tanque

En la carretera

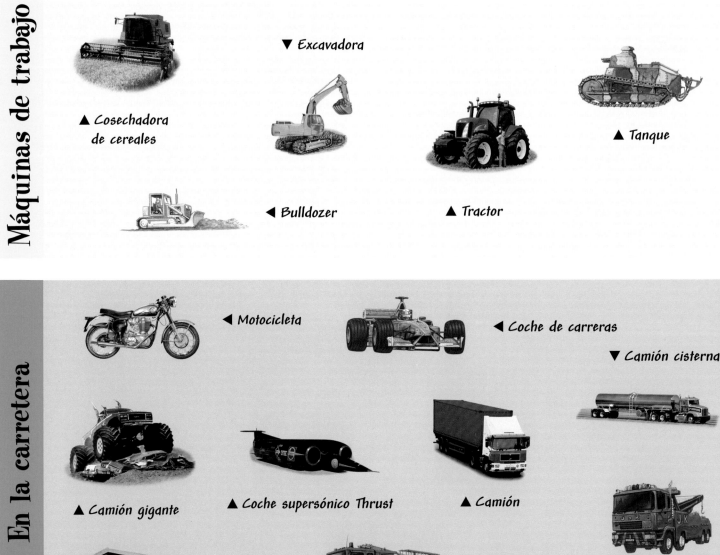

◄ Motocicleta

◄ Coche de carreras

▼ Camión cisterna

▲ Camión gigante

▲ Coche supersónico Thrust

▲ Camión

 ◄ Volquete

◄ Camión de bomberos

 ▲ Camión-grúa

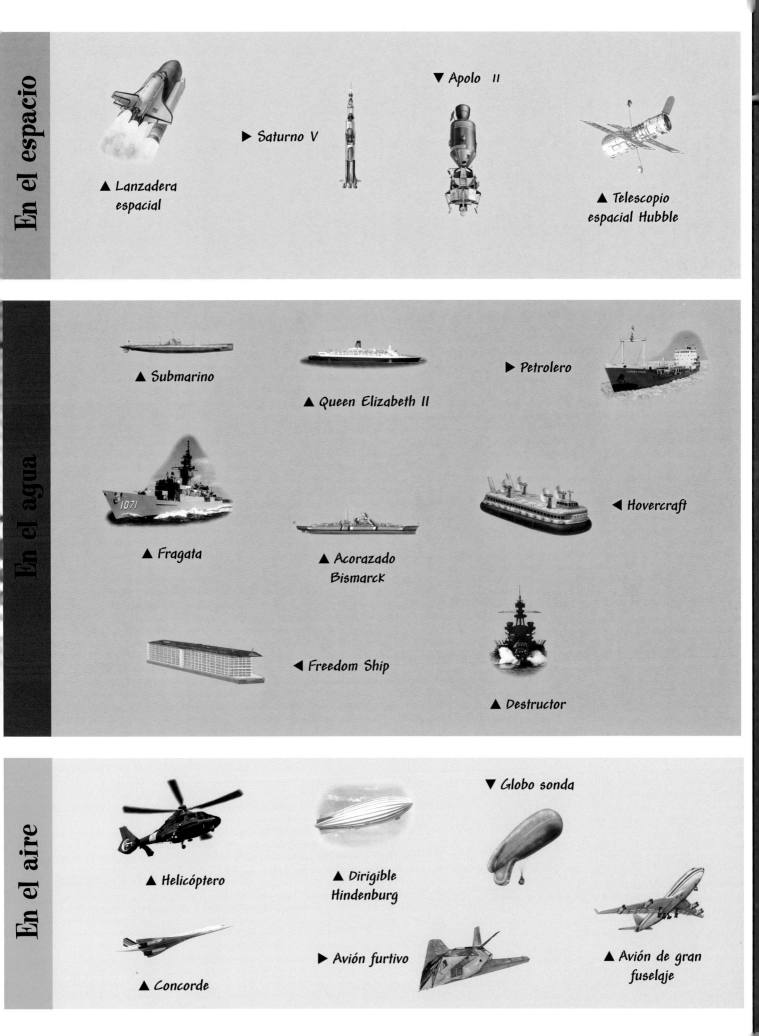

En el espacio

▲ Lanzadera espacial

▶ Saturno V

▼ Apolo II

▲ Telescopio espacial Hubble

En el agua

▲ Submarino

▲ Queen Elizabeth II

▶ Petrolero

▲ Fragata

▲ Acorazado Bismarck

◀ Hovercraft

◀ Freedom Ship

▲ Destructor

En el aire

▲ Helicóptero

▲ Dirigible Hindenburg

▼ Globo sonda

▲ Concorde

▶ Avión furtivo

▲ Avión de gran fuselaje

Máquinas bestiales

▲ Lanzadera espacial

Una lanzadera espacial lleva a los astronautas de la Tierra a las estaciones espaciales.

▼ Excavadora

Esta potente máquina está provista de una gran pala para levantar y remover toneladas de tierra.

▲ Camión de bomberos

Este vehículo de emergencia lleva grandes cantidades de agua, mangueras y una grúa. Los bomberos pueden apagar fuegos y rescatar a personas de edificios altos.

▲ Hovercraft

Fabricado en 1959, el hovercraft se mueve por tierra o por agua sobre un cojín de aire.

▼ Globo sonda

Durante la Primera Guerra Mundial, este enorme globo permitía a los vigías ver dónde estaba y qué hacía el ejército enemigo.

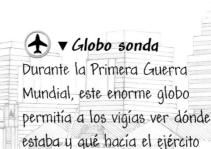

▲ Cosechadora de cereales

Los agricultores utilizan esta máquina para segar el grano y separar las semillas de la paja.

▲ Submarino

Este submarino de la marina alemana estaba armado con torpedos y se utilizó en tiempo de guerra.

▶ Volquete

Es un camión que lleva cargas muy pesadas. La parte posterior se levanta para verter su contenido.

CLAVE:

Máquinas de trabajo

En la carretera

En el espacio

En el agua

En el aire

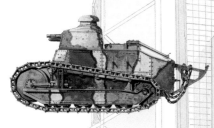

▶ Camión gigante

Un camión gigante con enormes neumáticos, que suele utilizarse para carreras y exhibiciones.

▲ Tanque

Este vehículo de guerra lleva armas y un pesado blindaje. El primer tanque se diseñó en 1916 para la Primera Guerra Mundial.

◀ Camión cisterna

Este gran camión se utiliza para transportar grandes cantidades de líquido como, por ejemplo, petróleo.

▶ Freedom Ship

Barco que es como una ciudad flotante. Dispone de su propio hotel, tiendas, casino, e incluso una escuela.

▲ Camión-grúa

Con su equipamiento especial, este vehículo remolca coches que se han averiado.

◀ Destructor

Un poderoso barco de guerra con armas, misiles y torpedos. Escoltaba y defendía a grupos de barcos del ataque enemigo.

◀ Cohete Saturno V

Este cohete llevó la nave espacial del primer hombre que pisó la Luna. Pesaba más de 2.700 toneladas.

◀ Avión de gran fuselaje

Transporta hasta 600 pasajeros y vuela a unos 900 kilómetros por hora.

El coche más largo del mundo es tan largo que incluso tiene una piscina dentro.

Estudio del espacio

La Estación Espacial Internacional es la estación espacial más grande que jamás se ha construido. Dieciséis países han contribuido a su construcción, entre los cuales se encuentran Estados Unidos, Rusia, Japón, Canadá, Brasil y once países europeos. La primera parte de la estación, llamada Zarya, se lanzó el 20 de noviembre de 1998, y continuamente se están añadiendo partes nuevas.

La tripulación vive a bordo durante varios meses seguidos. La primera tripulación, de tres personas, llegó a la estación espacial en noviembre de 2000 y permaneció allí cuatro meses. Cuando se termine de construir la estación, habrá lugar para siete astronautas, medirá más de 100 metros de ancho y 90 metros de largo, y contará con paneles solares gigantes para el suministro de electricidad.

Sensaciones espaciales

El primer turista del espacio fue el millonario norteamericano Dennis Tito. El 28 de abril de 2001 participó en un vuelo espacial ruso que iba a la Estación Espacial Internacional. Se pasó casi ocho días en el espacio y pagó 20 millones de dólares por el viaje (más de 14 millones de euros).

Yuri Malenchenko fue la primera persona en contraer matrimonio en el espacio, el 10 de agosto de 2003.

Se casó con Ekaterina Dimitriev, que estaba en Texas, mientras él se encontraba a unos 380 kilómetros por encima de Nueva Zelanda.

Máquinas bestiales

▲ Cosechadora de cereales

▲ Excavadora

▲ Volquete

▲ Camión de bomberos

▲ Lanzadera espacial

▲ Globo sonda

▲ Submarino

▲ Hovercraft

▼ Cosechadora de cereales

▶ Excavadora

▼ Camión de bomberos

▲ Volquete

▶ Lanzadera espacial

◀ Globo sonda

▼ Submarino

▲ Hovercraft

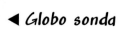

Máquinas bestiales

▲ Tanque

▲ Camión gigante

▲ Camión cisterna

▲ Camión-grúa

▲ Freedom Ship

▲ Destructor

▲ Saturno V

▲ Avión de gran fuselaje

▼ Tanque

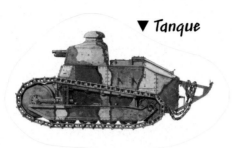

▲ Camión gigante

▶ Camión cisterna

▲ Freedom Ship

▲ Camión-grúa

◀ Destructor

▶ Avión de gran fuselaje

▲ Saturno V

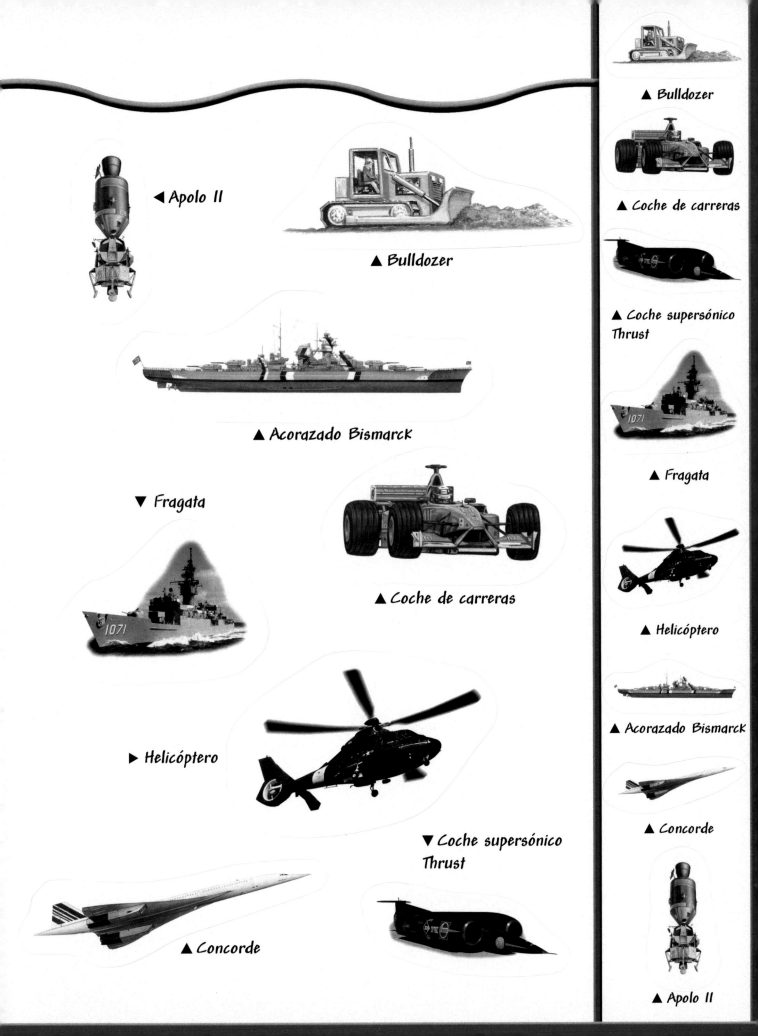

◀ Apolo II

▲ Bulldozer

▲ Acorazado Bismarck

▼ Fragata

▲ Coche de carreras

▶ Helicóptero

▼ Coche supersónico Thrust

▲ Concorde

▲ Bulldozer

▲ Coche de carreras

▲ Coche supersónico Thrust

▲ Fragata

▲ Helicóptero

▲ Acorazado Bismarck

▲ Concorde

▲ Apolo II

Máquinas bestiales

▲ Tractor

▼ Motocicleta

▶ Camión

▼ Telescopio espacial Hubble

▲ Avión furtivo

▼ Queen Elizabeth II

▲ Petrolero

▼ Dirigible Hindenburg

▲ Tractor

▲ Motocicleta

▲ Camión

▲ Telescopio espacial Hubble

▲ Avión furtivo

▲ Queen Elizabeth II

▲ Dirigible Hindenburg

▲ Petrolero

Pista acuática

Los portaaviones son grandes buques de guerra. Con más de 300 metros de largo, cargan hasta 85 aviones militares y precisan de una numerosa tripulación. Su cubierta superior, de superficie totalmente plana, es una pista para despegues y aterrizajes de cazabombarderos. Como la pista en realidad es bastante pequeña, se emplean catapultas accionadas por vapor para lanzar los aviones al aire. Dichas catapultas ayudan a los aviones a acelerar de 0 a 240 kilómetros por hora en sólo dos segundos.

Estados Unidos tiene 12 portaaviones, y es el país que más posee del mundo. Pocos países tienen, ya que son muy caros. El más famoso es el norteamericano *Abraham Lincoln*. La mayoría de países actualmente utiliza portaaviones ligeros. Son menos caros porque son más pequeños y no necesitan catapultas. Llevan carga aérea, como helicópteros y aviones de despegue vertical.

▼ Además de permitir el despegue y el aterrizaje de aviones militares en el mar, los portaaviones también protegen a otros buques de guerra de ataques por aire o por mar.

Máquinas bestiales

▲ Bulldozer

Este tractor de gran potencia dispone de una gran pala para aplanar el suelo y cualquier construcción.

▼ Coche de carreras

Este coche monoplaza se utiliza para las carreras de Fórmula 1 y puede alcanzar velocidades de alrededor de 300 kilómetros por hora.

▼ Acorazado Bismarck

Acorazado alemán de la Segunda Guerra Mundial. El *Bismarck* pesaba 43.000 toneladas y llevaba ocho cañones de 350 mm. Se hundió en una batalla el 27 de mayo de 1941.

▲ Apolo II

Esta misión del Apolo fue la primera con tripulantes que aterrizó en la Luna, en 1969.

▶ Fragata

Este buque de guerra se utiliza principalmente para escoltar a otros barcos, puesto que protege contra posibles ataques.

▼ Thrust

En 1997, el *Thrust* fue el primer vehículo en romper la barrera del sonido en tierra, ya que alcanzó los 1.228 kilómetros por hora.

◀ Helicóptero

Las aletas giratorias permiten que el helicóptero vuele. Sólo puede alcanzar 400 kilómetros por hora.

▲ Concorde

Este avión supersónico empezó los vuelos transatlánticos en 1976 y fue retirado en 2003. Podía alcanzar más de 2.170 kilómetros por hora.

▼ **Tractor**
Este vehículo, utilizado por los
agricultores, posee unos neumáticos
enormes y sirve para arrastrar maquinaria
agrícola.

🚗 ▲ **Motocicleta**
Creada en Alemania en
1885, la motocicleta se
utiliza tanto para hacer
carreras como para el
transporte diario.

🚗 ▼ **Camión**
Este gran camión se
utiliza para transportar
mercancías pesadas,
a menudo para tiendas
y empresas.

✈ ▼ **Avión furtivo**
Utilizado sobre todo en la guerra
del Golfo Pérsico (1991), el avión
furtivo está diseñado especialmente
para no ser visto por los radares,
lo que dificulta que sea detectado
durante un ataque bélico.

🚢 ▼ **Petrolero**
Este barco está diseñado para
transportar una gran cantidad
de petróleo por el océano.

🚢 ◀ **Queen Elizabeth II**
Hizo su primera travesía en
1969, y puede transportar
a casi 3.000 personas. Además
cuenta con una biblioteca y un
hospital propios.

✈ ▶ **Dirigible Hindenburg**
En 1937, el *Hindenburg*, un
enorme dirigible lleno de gas
hidrógeno, explotó y quedó
destruido en menos de un
minuto. Murieron 36 personas.

🚀 ▲ **Telescopio espacial Hubble**
Orbita la Tierra desde 1990 y envía
a los científicos imágenes muy claras
que les han permitido hacer muchos
descubrimientos nuevos.

**El camión más largo del mundo, el Arctic Snow Train, mide más de
170 metros y tiene 54 ruedas. Necesita un equipo de seis conductores.**

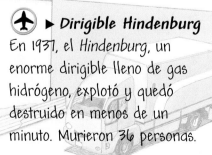

¡Los mayores y los mejores!

Sigue leyendo y descubrirás algunos récords de velocidad.

- El tren francés de alta velocidad *Atlantique* es el más rápido del mundo. Entre las ciudades de Courtalain y Tours, en 1990 batió el récord de velocidad en un sistema ferroviario nacional con 515,3 kilómetros por hora.

- El 10 de abril de 1912, el *Titanic* emprendió su travesía inaugural. Con 53.000 toneladas y 269 metros de largo, fue el barco de pasajeros más grande del mundo. Cuatro días después chocó contra un iceberg. En dos horas y media el barco se había hundido.

- El Porsche 911 turbo fue el coche de aceleración más rápida durante casi 20 años, después de haber sido lanzado al mercado en 1975. Podía pasar de 0 a 100 kilómetros por hora en tan sólo 5,4 segundos.

 El Ford GT-90 alcanza una velocidad máxima de 378 kilómetros por hora y acelera de 0 a 100 kilómetros por hora en 3,2 segundos.

La primera locomotora en alcanzar 160 kilómetros por hora fue la *City of Truro*, en 1904.

El 20 de marzo de 1999, Bertrand Piccard y Brian Jones concluyeron el primer vuelo de un globo de aire caliente alrededor del mundo.

La ciudad de Nueva York, en Estados Unidos, tiene 466 estaciones de metro, más que cualquier otra ciudad del mundo.

Descubre más datos interesantes sobre la invención de las máquinas más grandes.

• El primer coche que funcionaba con motor de gasolina fue creado por Karl Benz en 1885. Tenía tres ruedas y se conducía mediante una palanca situada en la parte frontal. Las cadenas de la maquinaria dirigían las ruedas traseras. La velocidad máxima alcanzada fue sólo de 16 kilómetros por hora.

• La *Rocket* se convirtió en la primera locomotora interurbana. Fue diseñada y construida por dos ingenieros británicos, George y Robert Stephenson. Podía alcanzar velocidades de casi 60 kilómetros por hora.

• Orville y Wilbur Wright construyeron el primer avión del mundo, el *Flyer*. Su primer vuelo duró 12 segundos y recorrió 31 metros. En 1903 completaron el primer vuelo en aeroplano controlado a bordo del *Kittyhawk*.

Los vehículos más grandes de la historia son dos vehículos lentos Marion utilizados para transportar cohetes. Pesan 8.000 toneladas.

El mayor barco del mundo es el *Jahre Viking*, con 564.763 toneladas de peso y 485 metros de largo.

Sólo se construyeron 16 aviones Concorde. Podían cruzar el Atlántico en menos de tres horas.

¡Pon a prueba tu memoria!

El Airbus A380 es el avión de pasajeros más grande del mundo. Puede llevar unos 555 pasajeros repartidos en tres pisos.

Los trenes Maglev del futuro, suspendidos por potentes imanes, alcanzarán velocidades de 800 kilómetros por hora.

El Hawker Harrier de 1968 es el único avión que puede despegar en vertical.

¿Qué recuerdas de tu cuaderno de adhesivos sobre máquinas bestiales? ¡Ponte a prueba!

1. ¿Cuántos pasajeros puede llevar un avión de gran fuselaje?
2. ¿Cuándo fue lanzada la Estación Espacial Internacional?
3. ¿Qué vehículo rompió la barrera del sonido en 1997?
4. ¿Dónde se utiliza un camión gigante?
5. ¿El hovercraft puede utilizarse solamente en tierra?
6. ¿En qué año tuvo lugar la travesía inaugural del *Titanic*?
7. ¿Quién fue el primer turista del espacio?
8. ¿Cuál es el portaaviones más famoso?
9. ¿Cuánto mide el camión más largo del mundo?
10. ¿Cómo vuela un helicóptero?
11. ¿Quién construyó el primer avión?
12. ¿Qué equipamiento lleva un camión de bomberos?

En 1783, el primer globo de hidrógeno fue atacado y destruido por unos agricultores atemorizados al verlo aterrizar. Sólo había volado 24 Km.

Curiosidades

13. ¿Cuándo se creó el primer tanque?

14. ¿De dónde recibe la energía la Estación Espacial Internacional?

15. ¿Qué propulsa los aviones de los portaaviones?

16. ¿En qué país se creó la motocicleta?

17. ¿Cuál es el tren más rápido del mundo?

18. ¿En qué año explotó el *Hindenburg*?

19. ¿A qué velocidad podía viajar el Concorde?

20. ¿Cuál fue la primera misión tripulada que aterrizó en la Luna?

El primer submarino se fabricó en 1620. Se trataba de un barco de remos cubierto con pieles impermeables.

En 1980, un hovercraft de la marina norteamericana alcanzó una velocidad récord de 170 kilómetros por hora.

Los Red Arrows necesitan una planificación perfecta para hacer acrobacias y formar muy cerca unos de otros en las exhibiciones aéreas.

LUDGER SIMARD

Respuestas:

1. Hasta 600; 2. El 20 de noviembre de 1998;
3. El coche supersónico Thrust; 4. En carreras y exhibiciones.
5. No, en el agua también; 6. En 1912; 7. Dennis Tito;
8. El norteamericano Abraham Lincoln; 9. Más de 110 metros;
10. Con aletas giratorias; 11. Orville y Wilbur Wright; 12. Mangueras, una grúa y grandes cantidades de agua; 13. En 1916, para la Primera Guerra Mundial; 14. De unos paneles solares que generan electricidad; 15. Las catapultas; 16. En Alemania;
17. El tren de alta velocidad francés Atlantique; 18. En 1937;
19. A 2.110 kilómetros por hora; 20. El Apolo 11.

Los petroleros más grandes miden más de medio kilómetro de largo. Los marineros se desplazan de un extremo al otro en bicicleta.

Más cuadernos de adhesivos

Si quieres seguir divirtiéndote,
colecciona todos los cuadernos de adhesivos de la serie.

ISBN: 978-84-7864-929-7

ISBN: 978-84-7864-928-0

ISBN: 978-84-7864-930-3

ISBN: 978-84-7864-927-3

ISBN: 978-84-9825-113-5

ISBN: 978-84-9825-112-8

ISBN: 978-84-9825-114-2

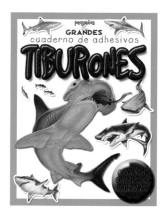

ISBN: 978-84-9825-111-1

ISBN: 978-84-9825-522-5

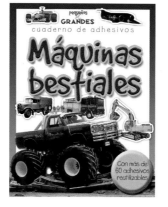

ISBN: 978-84-9825-523-2

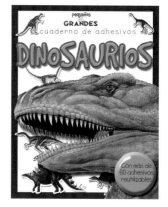

ISBN: 978-84-9825-524-9